저의 작은 시가
누군가의 삶에 따뜻한
햇발이었으면 좋겠습니다.

나 분 점 제1시집

햇발

도서출판 지식과 사람들

▌시인의 말

어느 날 지인의 집을 방문했었다.

낡은 시집을 뒤적이다 감동한 시구(詩句)가 집으로 돌아와서도 자꾸만 떠오르며 가슴을 태웠다. 눈물이 있는 시, 웃음과 행복이 있는 시, 사랑과 용서가 있는 순수한 마음을 시로 표현하고 싶은 욕심 때문이었다.

시를 쓰기 위해 펜을 들었다.

그 순간 머릿속에 있던, 쓰고 싶은 시상(詩想)이 하얀 백지로 변해 단 한 줄도 쓸 수 없었다. 이런 벽과 좌절을 수없이 만나는 가운데 마침내 작품이 쌓이면서 시집 출판이란 기쁨을 눈앞에 두었다. 수없이 포기하면서도 다시 일어설 수 있었던 것은 시에 대한 열망 때문이었다. 하얗게 밤을 지새우며 시를 쓰고, 시마다 이름표를 달아주는 것은 아름다운 수채화를 한 폭씩 그려내는 기쁨이었다.

지인은 왜 고난의 길을 자초했느냐고 안타까워했다. 고난의 길, 지인의 그 말이 맞을는지 모른다. 그러나 오랜 세월 시와 씨름하며 흘리는 눈물은 황무지의 삶을 개척하는 도전이었다. 긴 고통의 시간을 보내고 시집을 세상에 선뵈려는 지금 불안과 두려움에 눈앞이 캄캄하다.

첫 시집 '햇발'. 부끄러운 시집이지만, 따뜻한 사랑으로 품어주시기 바랍니다. 저의 작은 시가 누군가의 삶에 따뜻한 햇발이었으면 좋겠습니다.

2014년 정월 초하루, 일출을 보며

紫陽 **나 분 점**

▌햇발 차례

햇발 제1부

어머니의 기도

햇발 제2부
봄의 여신

햇발 제3부

텃밭에 앉아서

햇발 제1부

어머니의 기도

살금살금 뒷걸음으로
숨죽여 문지방(門地枋) 넘으시며
방문 여닫으시던
어머니 그 사랑이 그리워
마음 둘 곳 없어 하늘을 바라봅니다

어머니의 기도

언덕 위의 높은 집
백발이 무성하고 남루한 옷차림에
자식 사랑 애달아서
밤낮으로 무릎 꿇어
두 손 모아 기도하는 모정의 세월 흘러
은빛 구슬 주렁주렁 영글어서
황금 물결 수를 놓아
하회탈로 변하였네.

버선발 사랑

자장자장 우리 아기 잘도 잔다
토닥이며 잠재우시고 얼러 키워주신
그 손길 그리워
뜨거운 눈물 마음속으로 삼키며
어머니를 불러봅니다

살금살금 뒷걸음으로
숨죽여 문지방(門地枋) 넘으시며
방문 여닫으시던
어머니 그 사랑이 그리워
마음 둘 곳 없어 하늘을 바라봅니다

대문 밖 헛기침 소리 내시며
들어오는 아버지 발걸음 소리에
화들짝 놀란 가슴 안고
버선발로 뛰어 나가시며
연신 쉬 쉬 하시며 마중하시던
내 어머니

어머니 오월이 왔습니다
이제야 어머니의 사랑이
얼마나 크고 소중한지를
이순(耳順)이 된 지금에야
깨닫습니다
어머니 그 크고 놀라운 사랑을.

불러 보고 싶어요

오늘처럼 바람이 불었지요
엄마가 나를 두고 떠나가던 날
이별의 마지막 순간을 기다려 주지 못하고
말없이 더 나갔었지

기쁜 숨소리 내시며 우리 집 창문을 두드리시던
아버지의 눈시울에 슬픔의 이슬방울이 맺어
엄마가 정신을 놓으셨다고 하셨지요

평온한 모습에 정신이 드시나 싶어
아이들 아침 도시락 준비하느라
잠시 자리를 떠난 그 짧은 시간을

이젠 투정할 때도 없고
손발 저리다고 하소연할 수도 없어
어쩌라고 한마디 말도 없이 떠나갔는지
엄마 나 사랑한다고 말도 못 했어요

엄마 나랑 약속했잖아요
아이들 시집가고 장가가 아이 낳을 때까지
함께한다고

엄마가 키워주신 아들딸의 모습을 그곳에서
보고 계시리라 믿습니다

먼 길 떠난 엄마 마음 아프게 해 미안해요
마지막 이별 같이하지 못해 정말 미안합니다.

길고 긴 탯줄

하해(河海)같은 사랑으로
손톱 발톱 다칠세라
입술이 부르트도록 입으로 자르시는
어머니

베틀에 홀로 앉아
고운 무명천으로 짠 옷감
행여나 추울세라
한 땀 한 땀 밤새우며
누비이불 만들어서
덮어 주시고

밤낮이 뒤바뀌어 보채고 울 땐
당신 잠은 간 곳 없고
꼬꼬닭아 울지 마라
멍멍개야 짖지 마라
우리 아기 잠 못 잔다
꾸짖던 내 어머니

쥐면 꺼질까 불면 날까
얼러 키워주신 이 여식 그날 그리워
길고 긴 탯줄의 사랑으로
아직도 고향을 만집니다.

9월이 오면 당신이 그리워집니다

어머니
9월이 오면 더욱 보고 싶어
뜨거운 눈물이 쏟아집니다

어머니
당신의 사랑이 얼마나
소중한지 왜 그대는 몰랐는지
무너지는 마음 한이 됩니다

어머니
하늘에서 내려 보시고
부족한 여식 용서하시길 빕니다
스쳐 지나가는 바람에도
숨쉬기 괴로워 휘청거리는 걸음
놓으셨지요

어머니
당신이 떠난 9월이면
텅 빈 가슴에 그리움 움켜잡고
그 소중한 사랑을 느끼며
마음이 젖어 시려옵니다.

겨울이 저만치 걸어오면

겨울이 저만치 걸어오면
울 엄마가 생각이나
눈시울에 뜨거운 이슬방울
맺힌다

앞마당 감 홍시에
까치 날아와 동무들
불러오는 소리에
허리 굽혀 버선발로 뛰어 나가
후여 후여 저 멀리
쫓는 소리 들리는듯하다

소죽 솥 아궁이에
군고구마 넣어두고
싸리 대문 열려 있는 곳으로
눈길 돌리신다.

애간장 녹이는 자식들 걱정에
따뜻한 아랫목 비워두고
꽁꽁 얼어버린 손
입으로 가져가 호호 불어 녹이신다.

편지

때로는 늦게
때로는 일찍 슬그머니 나에게 다가오는 너

눈송이처럼
기쁨 슬픔 설렘 안고 오는 너

만지면 부스럭 소리 내지만
들꽃과 단풍 눈꽃 담고 있는 너

꽃처럼 어여쁜 속살이
새벽별의 씨앗인 양 촘촘히 박혀 있는 너.

보고 싶은 친구야

오줌싸개 똥싸개 코흘리개 친구야
너와 나는
흙 주워 먹고 소꿉살이 하며 놀던
보고 싶은 친구야
우리가 아픔은
서로가 보지 못하는 그리움이고
우리의 기쁨은
다 같이 세월을 먹으며
늙어간다는 것이겠지

지천명 태산이란 고개를 넘어
큰 숨 한번 쉬고 하늘을 보니
언제 내 앞에서 기다리고
있었는지
회갑(回甲)이란 이름표를
달게 될 날이 머지않았구나
그렇지

이만큼 살다 보니
사랑이 무엇인지
용서와 희생이 무언지
조금은 알 것만 같구나
살아온 시간 속에
너희들을 생각하며

오늘도 혼자 중얼대며
이불 속에서 잠이 든다.

비 오는 날엔

비 오는 날엔
너희들이 보고 싶어 눈물이 난다
창문을 드리는 빗방울소리에
먼 산 바라보며 창가에서 서성인다

그리움에 눈물이 나고
보고 싶고 목소리 듣고 싶어도
갈 수 없는 안타까움에
눈물이 흐르고
외로움에 지쳐 눈을 감으면
지나간 추억 하나 둘 떠올라
너희를 향한 그리움에
뜨거운 눈물이 난다

손바닥으로 두 눈을 훔치며
내리는 비를 보고 투정한다
오늘 따라 왜 이렇게도
너희가 보고 싶어지느냐고
하염없이 내리는 소리는
나의 애간장을 다 녹인다.

해맑은 미소

내 인생에 단풍이 들어
떨어지는 날이 오면
빨갛게 농익은 석류 알처럼
입안 가득 침 돌아 흐르는 것처럼
새콤달콤한 사랑 나누며
행복을 심어주는 사람이고 싶어라

누군가를 위해 마지막 남은 길은
하늘 높은 끝자락에 달려 까치밥 되기를
기다리는 감나무의 빨간 홍시처럼
나누는 삶이고 싶어라

단풍잎 떨어져 흙으로 돌아가는 날
초가집 울타리에 핀 하얀 박꽃처럼
해맑은 미소 띄우며
나의 작은 육신(肉身) 나누어 주며
소박한 삶의 마지막 여행길이고 싶어라.

그리움

비가 온다
바람이 불어댄다
폭우가 쏟아져 내린다
그리움도 폭우처럼 밀려올 때가 있다
비가 내린다
이슬비가
옷깃에 촉촉이 젖어들면
그리움이 살며시 찾아와
가슴을 파고든다
소리도 없이

폭우가 쏟아져 내린다
바람과 함께
그리움도 폭우처럼 밀려올 때가 있다
손을 쓸 수 없는 태풍처럼

눈물이 난다
눈물과 콧물이 엉겨 붙어 진액을 만들어
손수건을 적시고
세차게 퍼붓는 빗소리만큼이나
가슴속 그리움이 소리가 되어
방망이질을 한다
쏟아지는 폭우에도
그리움은 씻겨지지 않고

내 가슴팍에서
자꾸만 되살아난다.

바람이 달려와

밤새 숨 한번 크게 쉬지 못하고
도둑처럼 살그머니 내려앉아
놀고 있는 이슬방울이
곤히 잠든 콩잎 간질여 깨우고

불꽃보다 더 광열 한 동쪽 하늘의
터줏대감 살그머니 올라오면 쫓겨날까 봐
콩잎에 맺힌 이슬방울 마음 졸이며
나를 기다리고 있다 하네

바람이 달려와
창문 흔들어 소식 전하고
혼비백산(魂飛魄散) 꼬리를 감춘다
비몽사몽(非夢似夢) 눈비비고 일어나
바쁜 걸음 앞세우며
나도 덩달아 달려간다.

날 기다리고 있더이다

피가 솟구치는 젊음에는
여름도 벌벌 떨며
잰걸음으로 도망갔었지
초로기(初老其) 작은 뫼(山) 숨 가쁘게 올라
목 한번 축이고 하늘 한번 쳐다보니
장향(杖鄕)이란 높은 산이
날 기다리고 있더이다

할딱거리며 숨 크게 한번 몰아쉬고
허리춤 일으켜 세우니
싱그러운 모습은 간데없고
볼품없이 늘어진 살결만이
빤히 날 바라보며
더위를 원망한다

문풍지 우는 바람에도 무릎이 시려온다 하시며
투정하시던 할머니 말씀이
귓가에 쟁쟁하다

세월 가는 것이 무엇이 그리도 서러운지
밤새 울어 목이 쉰
귀뚜라미 울음소리에
몸 뒤척이니
담장 넘어 살며시 새벽이 찾아온다.

당신 품에

당신과 함께 마음을 나누고
사랑을 나누는 시간이 참으로 좋아

행복한 만남
얼굴에 웃음꽃이 피고
향기를 발산하고
수없이 주고받은
행복한 눈빛으로 사랑을 선물하며
오늘도 그대 향한 내 마음은
포근하고 따뜻한 당신의 가슴에
살포시 내려앉는다

당신의 마음 품에 꼭 안겨
행복을 느끼며
내면의 마음을 감추려 한다

숨겨둔 어린아이와 같은 마음에
부끄러워 붉게 물든 석양이어라.

당신과 만남이

당신과 만남이 너무나 소중하고
아름답고 향기 나는 사랑이기에
상처와 눈물도 소중한 사랑이어라

고통 속에 행복이 숨 쉬고
때론 슬픔 속에 기쁨이 넘쳐나고
스쳐 지나가는 바람 같은 사랑이 아니었기에
너무 소중한 당신

근심과 걱정 속에
우리의 눈물만큼
아름다운 사랑 이야기
지난날
외롭고 쓸쓸해 힘들었지만
당신과의 만남이
하늘이 맺어준 청실홍실
두 끈 속에서

삶의 무게가 힘들고 고단하여도
당신이란 버팀목이 잔잔한 미소 띄우며
내 옆에 있었기에
긴 세월 견딜 수 있었지요.

사랑이라 말하면서

사랑이라 말하면서
보이지 않는 죄의 사슬에
가로막혀 부르지도 못하고
벙어리처럼 마음으로만 말해야 하는 것은
감옥과도 같습니다.

하루에도 수백 번 수천 번
생각나지만 눈물로 하나 둘 지워 나갑니다

세상이 말하는
부귀도 영화도
필요치 않습니다
똑바로 걸어가고 싶지만
자꾸만 게처럼 옆으로만
걸어가는 내 모습에 염증을 느낍니다

용서한다고 입으로만
하루에도 열 천 번 외칩니다
행함도 없이 위선자처럼
마음의 문을 닫고 말입니다

주님 당신의 보혈의 사랑으로
썩어 문드러져 냄새나는
나의 마음을

활 활 태워 주시어
사랑의 샘물이 솟아나게 하소서.

영원한 동무

홀로 길 걸을 때 동무가 되어주고
어둠이 찾아와 외롭다고 투덜거릴 때
조용히 다가와 말벗이 되어주고

하루의 지친 육신
구들장 유혹에 사르르 파고들면
두근두근 내 마음 설레게 한다

멍들고 쓰라린 자국
빛바랜 상처들 끄집어내
지나간 삶의 발자취 써내려가는
내 인생에 시는 영원한 동무가 된다.

중년의 사랑

엄동설한(嚴冬雪寒)
긴 겨울
화롯불 옆에 두고
손이시려 입으로 가져가
호호 불어 녹인다

동지(冬至)섣달 기나긴 밤
쫀득 쫀득 한 새알심 같은 사랑

붉은 팥죽처럼
중년의 사랑이 농익어
빨간 감 홍시 같은 달콤한 향기가
까만 밤을 가득 채운다.

여명

밀려오는 애(愛)틋함에
퍼뜩이는 날개를 펴보지만
날 수가 없다

은하수 깜박이면
깊은 밤 새벽으로 달려가고
내 마음 그대 생각에
허공을 잡는다

밀물처럼 출렁이며 밀려오는
집채만 한 그리움 가슴에 안은 채
여명이 밝아온다.

전나무 숲길 그대가 있어 행복하였습니다

그대의 품인 양
눈 감으면 포근히 안아준 숲길이
맨발로 나에게 달려오는 것 같아
착각을 합니다

눈을 감으나
눈을 뜨나 아름답고 고운 그대의 자태에
내 마음 빼앗기 허공을 바라보며
행복하였노라고 마음으로 외쳐봅니다

고단하고 힘든 천 년의 세월에
속살 비운 자리마다 세모 네모 자리 잡고 집 짓는
파란 이끼에게 아낌없이 내어주며
비굴하지도 않으면서 서 있는 너를 생각하니
난 전나무 숲길 그대가 있어 행복하였습니다.

겨우 90일

손자 첫나들이 오는 날
우리 집 안방에는
보름달이 떴다
손자 녀석 옹알이와 눈웃음에
함박웃음 꽃아 만발(滿發)했다
연방 여기저기서 그래그래 하하하
앙증맞은 고사리손 앙 깨물어 주고 싶은 마음
겨우 참으며 행복한 마음
하루해가 짧다

무엇이 걱정될까
티 없이 맑고 고운 모습
꼭 품에 끌어안고
동네방네 다니며
소문내고 자랑하고 싶다

뽀송뽀송 솜털처럼
때 묻지 않은 흰 살결처럼
누더기같이 더러운 세상에
애살스럽지 않고
빛으로
소금으로
단맛 내는 삶이 되길.

달 밝은 밤

밝은 달밤에 임 그리며
무심히 하늘 쳐다보니
약속한 임은 보이지 않고
오작교 만드는 까마귀 날개 깃털 푸득 푸득

비워둔 찻잔에
향기 가득 담은 따뜻한 차(茶) 한 잔 따라줄
임을 기다리며
시 한 수 읊조리며

굽이굽이 굽이쳐 흘러간
옛 선비 그리워라.

날 불러 버선발로 달려갔지요

헐레벌떡 달려온 순천만의
광활한 들판이 나더러 오라고 불러낸다
연초록으로 물든 갈대밭이
어떻게 내 마음을 알았는지
대문 활짝 열어놓고 날 기다리고 있다고
어서 빨리 오라고 자꾸만 재촉을 한다

버선발로 달려간 난
두 눈이 휘둥그레지도록 놀라움에
연신 아 하 아 감탄사로
입이 다물어지질 않는다

나만 오라고 초대장을 보낸 줄 알았는데
인산인해의 발걸음이
물결을 이루고 있다

들판에 핀 꽃의 반란처럼
옷 색깔이 서로 겹쳐져서
백만 송이로 피어난 꽃과 같다.

크리스마스 날

딸랑딸랑 종소리
메아리가 되어 울려 퍼지는 날
세상이 온통 하얀 눈꽃 송이로
소복이 쌓여주길 기다려본다

만일 종소리가 은은하게
어둠을 뚫고 들려오면
예수님 탄생의 감사에
두 손 모아 기도한다

크리스마스 날
올해도 선물 가득 실은
루돌프 산타할아버지
굴뚝 헤집고 들어와
다녀가길 기다려진다.

햇발 제2부

봄의 여신

낮게 깔린 아지랑이
버드나무 밑 둥지 간질거리면
봄의 껍질 벗겨 낸다
내 마음속에도
넘실대는 버들이 있는가 보다.

사론의 꽃향기처럼

내가 살아온 날들이
천둥과 번개를 동반하고
쏟아지는 소낙비와 같은 날도 있었고
기쁨과 행복의 눈물도 있었다

불혹(不惑)의 큰 재를 넘기며
숨 가쁘게 달려와 보니
어느새(知天命) 하늘의 뜻을 알기도 전에
꼬부랑 허리춤 내밀며
오라고 손짓하는 것을 본다

내리막길 지나 숨 한번 크게 쉬고 나니
귀가 열려 어떤 말을 들어도
순화를 시켜 받아들여진다는 이순(耳順)이 나를
반갑게 기다리고 있는 것이 아닌가

정작 난 귀가 열리고 말들을
순화시킬 수 있는지
두렵고 가슴이 떨려온다
삶의 절반을 지나온 길
뒤돌아보니 그리하지 말걸 용서할 걸 사랑할 걸 등
자꾸만 걸 걸이 생각나니 어쩌란 말인가

제동기가 잡히지 않는

내리막길로 접어드니
모든 것 내려놓고
사론의 꽃향기처럼
가는 곳마다 풍겨나는
아름다운 나의 삶이고 싶다.

봄날 아침

말끔하게 다가온 아침
희뿌연 하늘 아래로 퍼지는 조각들
누구를 찾는 그리움인지
부풀어 오른 대지를 적시다
미처 내뿜지 못한 설움은
아지랑이 숨어 있는 먼 계곡으로 숨겨놓고
배시시 내미는 젖은 햇살에
행복할 것만 같은 오늘
당신과 함께 고즈넉한 찻집에서
넉넉한 시간 함께하며 뜨거운 차를 나누고 싶은데
못내 아쉽기만 하다

창 넘어 어둠 가르며 산허리에 매달려 있는데
지난밤의 별빛 가득 안으며
함께 기억할 수 없는 시간의 흐름 속에
수놓아진 별 무리 세워가는 즐거움을
함께 나누고 싶습니다

고운 그림자 드리우는 달이 있기에
어두운 밤마저도
솜사탕처럼 부풀어버린 숨결
옥방에 쫓기는 외로움이기보다는
함께 살찌우는 외로움이기를.

동네 목욕탕

동네 목욕탕에 꽃이 피었다
진달래 개나리 백합꽃 할미꽃 온통 피었다
도란도란 꽃들이 모여앉아 온 동네
이야기 쏟아낸다

집에서 일어난 일들
하얀 수증기 속에서
은근슬쩍 남들에게 자랑도 하고
흉도 보고
왁자지껄 벌처럼 소란을 피운다

개미허리 아가씨
바라보는 내 눈은 어느새 봄 도다리가 된다
살며시 소싯적 생각하며
김이 모락모락 오르는
동네 목욕탕에서
나도 봄날의 꽃이 되어본다.

아지랑이

개울에 호드기 소리
자욱하게 대지를 깨운다

펄펄 끓는 이마를 짚고
들판에 나서면
치마폭에 피어나는 꽃송이가
내 마음속에 들어와
불쑥 불쑥 피어난다

낮게 깔린 아지랑이
버드나무 밑 둥지 간질거리면
봄의 껍질 벗겨 낸다
내 마음속에도
넘실대는 버들이 있는가 보다.

들에 핀 봄의 여신

초롱초롱한 눈망울 뜨고
반짝거리는 별들이 바람 따라
노랗게 물들인 울타리에 핀 개나리
꽃망울에 내려앉아 놀고 있다

환히 비친 달빛 등에 업고
은하수길 따라 찾아온 길섶에
우뚝 서 있는 하얀 목련이
시집온 새색시 분 냄새 풍기듯
코끝을 간질거리는 고운 향기 내뿜으며
배시시 웃음 토해낸다

앞마당 뜰에 앙증맞게 핀 노란 민들레
햇살 품고 가만히
하늘을 쳐다보며 벌 나비 발걸음 기다리고
담장 밑 제비꽃들이
시샘하듯 서로 키재기하며
보랏빛 향기 연신 뿜어댄다.

봄은 까만 밤에

까만 밤에
은하수길 따라
도둑처럼 살그머니 찾아오는 것 같다
밤에 내려앉은
이슬방울에 햇살이 숨죽이며 찾아오면
봄은
방긋이 웃으며 속삭인다

봄은
빗방울 타고 오는 것 같다
까만 대지에 밤새 내린 비가
바람에 혼이나 훌쩍 떠난 자리에
봄꽃이 피어나고

아지랑이 펄펄 끓어 대지에 뿌려대면
이름 모를 꽃들이
불쑥불쑥 등달아 피어난다.

쑥

언덕배기에 파르르 떨고 있는 쑥이
어느덧 저수지를 지키고 있다
물결 이는 곳마다 햇살이 부서져 내린다

구름 비집고 저수지에 떨어진 햇살
은빛으로 부서져 물속으로 비춰는
내 치맛자락 적시니
봄

물결에도 창문이 있는 듯
겨우내 덜컹거리던 창틀 속에서
잃었던 연모
쑥 향기로 피어난다.

아지랑이

버들가지 어느새 요란하다
호드기 소리로
논두렁 깨우는듯하다
도랑 굽이치는 소리에 아지랑이 펄펄 끓어올라
들판으로 뿌려대니
이름 모를 꽃들이 불쑥불쑥 피어난다

낮게 깔린 아지랑이 저만치 누워
버드나무 밑 둥지 간질여대면 봄의 껍질 벗겨낸다
바람은 쉴 새 없이 아지랑이 쓸어 담아
하늘로 하늘로.

하얀 꽃물결

하얀 박꽃 터널
꽃물결로 수놓고
지붕 위 진주들이
단풍손님 맞으려고
버선발로 반겨주네

가을 단풍 옷매무새
바람결에 춤추고
신비로운 자연 선물
행복함이 풍성하다.

보슬비

고요히 잠든 미명의 시간에
발걸음 소리 하나 없는
보슬비가 이슬처럼
나뭇잎에 살짝 내려앉아
조롱조롱 은구슬 매달아 놓으면
솔바람이 찾아와 심술보 터트려 흔들어대면
퐁당퐁당 음률 따라 나뭇잎
건너뛰며 술래잡기한다

위풍당당 새벽을 깨우는
테너 같은 수탉 노랫소리에
화들짝 놀란 길손 졸음 쫓는다

꼬랑지° 감춘 보슬비 하나 둘
낮잠을 초대하며 달려간다.

※꼬랑지° : 꼬리. 지방 방언.

개미와 배짱이

흙먼지 뒤집어쓰고
땀방울에 흠뻑 젖어들어
개미 심 봉사 되던 날

돌담 비집고 들어오는 햇살이
그리워지는 날이 도둑처럼 찾아오면
곳간 문 여닫는 소리 넘쳐나
고대광실(高臺廣室) 나라님
수라상도 부럽지 않은
웃음소리 담부랑° 넘나들고

풍류주작에 젖어
세월 낚던 에메랄드 양복 입은 노신사
하늘을 호령하며 목청 높이 뽑어낸 노랫소리는
간 곳 없고 엄동설한(嚴冬雪寒) 신세타령 한탄하며
몸 가눌 곳 생각하니 오금이 저려온다.

※담부랑° : 담벼락

매미 울음소리

미동(微動)도 하지 않는 매미가
나뭇가지 잎사귀에 내려앉아
처서(處暑)의 주름 의지하고
기약 없는 이별에
목놓아 통곡하는 소리에
살래살래 꼬랑지 흔들고
기웃거리던 가을이
불덩어리 대지에 뿜어대는
늦더위에 주눅이 들어
저만큼 뒷걸음질하며 멈춰 서고
힘없는 계절 탓하며
매매 맴 울음소리 그칠 줄 모른다.

청개구리는

청개구리 울음소리에
애간장이 녹아지고
허기(虛飢)진 몸뚱어리 가눌 곳 찾아
사방(四方)을 헤매며 두리번거린다
새파랗게 질린 몸
파르르 떨며 나뭇잎에 앉아
긴 한숨 토해내며
불효자의 노래를 부른다

밤새 내린 장대비를 원망하며
아픈 가슴 부여잡고
철없던 지난 세월 부끄러움에
칠흑 같은 긴긴 밤 뜬눈으로
어머니를 지키며 충혈된 눈망울
가랑잎에 내려앉은
이슬방울에도 놀란 가슴
쓰려 내리며 마음 졸인다
푸른 융단 깔아 반기는
엄마의 숨결 그리워
청개구리는 아침에도 운다.

하동포구

높고 푸른 지리산 줄기 아래 웅크린 포구
하얀 모래 휘로는 섬진강 물결
아직도 내 가슴 휘돌아 여전히 잠겨 있다

강 건너 터널 속으로
희뿌연 연기 토해내며 다니던 기차
고향 떠난 나그네 마음 숙연하도록
그토록 향수를 지피게 하더니
이제는 기적 소리 잠들어 버렸나 잡을 수가 없다

백사장 언저리 기대있는
남는 날 생각하지 않고 몇백 년 묵은 솔은
꿋꿋하게 솔향을 품어낸다

아 포구야 너는 이토록 제자리 잡고 있으니
기적 소리 담은 옛 물결도 내 가슴에 옮겨와 있으면
참 좋겠다 그 물결엔 친구들의 웃음소리도
지리산의 기침도 담겨 있을 텐데 하동포구야.

선진리

나비 되어 날아든 새하얀 벚꽃
온통 선진리는 나비의 날갯짓이다
갯내음 묻은 공원 언저리에
함박웃음 머금고 있는 나비들
그 옛날이야기를 아는지 모르는지
귀 무덤을 바라보고 있다

나비가 날갯짓하면
윤슬로 다가오는 바닷가에 피비린내
나는 듯하다
벚꽃 둥지에 모여든 관광버스
살포시 공원에 앉으면
왜 내 귀는 간지러운지 몰라

혹시 봄날에
귀 무덤 전체가 나비로 환상하는지 몰라
아무도 몰라.

남강유등

봉이 떠났다고 한다

여인의 뜨거운 피가 꿈틀거리는 진주
여인의 아름다움이 숨 쉬고 있다
가야금의 애절한 선율이
용솟음치고 있다

어두움이 알에서 깨어나
출렁이는 불빛에
진주성이 보이기 시작한다
그리고 논개가 보이기 시작한다

유등이 흔들린다.
부르르 떨며 잡은 손길같이
논개의 자태가 흐른다
남강에 봉이 둥둥 떠 있다.

윗새오름

도도하기가 말할 수 없는 윗새오름
산 허리춤 걸터앉은 새하얀 솜털구름이
내 마음을 유혹하는 날
너무도 당당한 나목에 내려앉아 놀고 있는
상고대의 아름다움에
인산인해의 걸음들의 환호성에
내 마음 빼앗겨 정신이 혼미해진다

초점 잃은 눈빛으로
먼 산 바라보며
천지를 창조하신 우리 아버지를 떠올려본다
내 아버지가 하나님인 거
얼마나 좋은지 알란가 몰라
주님의 크고도 넓은 사랑
느끼며 감사하는 마음으로
우리 아버지가 부르는 날에
감사하는 마음으로 가리라.

순천만 갈대숲

순천만 갈대밭에
온통 은빛들의 날갯짓이다

정갈한 바람 한 줌에도
흐느적거리는 요염한 자태
렌즈에 담는 손길 바쁘고

각 지방 방언들로 모여든 신발들
휘청거리는 몸짓에
붉은 햇살 휘어잡을 듯 달아오른
칠면초(七面草)° 불기둥이 가을을 토해내고
입안 가득 바람 앉아 자리 잡는다

갯내음에 철새들 날갯짓 퍼덕이면
망둥이 놀란 가슴 쓸어내리며
제 구멍 찾아 헤매고
노을에 출렁이는 물살 따라
찰랑거리면
내 마음도 불그스레하다.

※칠면초° : 七面草, Suaeda japonica. 한국·일본의 바닷가에서 군생하는 한해살이풀로서 높이 15~50㎝이다.

새만금

신발 자국에
부대끼고 짓눌려 시퍼렇게 멍이 든 새만금이
연신 아픔을 토해내고 있다

관광버스 타고 달려온 나를 보고
아픈 조각들 뒤척이며
속살을 드러낸다

해 질 녘 불그스레한 조각 머금고 있는 새만금
저 멀리 산그늘에 엉켜 피어나고 사라지는 물결들

아 새만금이여
너는 무슨 연유로 그토록 빡센 숨을 들이켜고 있는가.

내가 자란 그 정든 땅

진달래 따 먹고 배를 불리고
찔레 꺾어 먹다 가시에
찔려 피 흘리고
산에 올라 송구 꺾다가 미끄러져
팔 깁스 하고
나 어린 시절 꿈이
숨 쉬는 그곳

그 어떤 아름다운 추억도
이보다 더 좋을 순 없을 거야
세상을 다 준다 해도 바꿀 수
없는 그곳
제비꽃 할미꽃 민들레 풀씨 꽃
들에 핀 봄꽃들이 살아 있는
그 정든 땅
가슴속에 묻어둔 추억 하나 둘
펼치며 찐한 향수에 젖었다

고향 떠나 살아온 세월이
엊그젠데
벌써 봄 지나고 여름 햇살이 중천을 지나
서쪽으로 뉘엿뉘엿
가을의 문턱 단풍 길로 들어서려고 하는 나에게
가을도 겨울도 오지 않기를

바라는 마음이
아마도
사치가 아닐까 생각해 본다.

다시 가보고 싶은 섬

뱃고동 소리와
풍랑을 휘감는 파도와 함께
하얀 거품 연방
토해내며 물길 따라
길을 안내한다

섬으로 향하는 발걸음
온통 신기한 그 자체다
화학조미료가 가미되지 않은 섬
자연이 살아 숨 쉬는
하나님이 창조하신
그대로의 섬 완도

전복이 미역 위에서
나뒹굴고
소라가 모래밭에서
씨름하는 섬
자연만이 살아 있는 곳
그곳에 다시 가고 싶어라.

마니산

들숨 날숨 거칠게 몰아쉬며
헐떡거리며 오르는 천사계단
재 넘어 능선에서
다람쥐 마중 나와
오색 고운 융단으로 포장한 길 오르니
이름 모를 산새들이 조잘조잘 장단 맞추어
노래로 반겨주고

솟아오르는 불기둥에
겨울 문턱 넘어와
가을 꼬랑지 흔들거리니
찬바람에 서러움 부둥켜안고
나뒹구는 낙엽을 밟으며
바스락거리는 소리에

만추의 가을이 떠나간다.

하동 십 리 벚꽃

가만히 하늘을 쳐다본다

너무 고와서 눈물이 빙 돌아
흘러내린다

하늘거리는 아름다운 꽃잎
바라보는 나의 심장이
콩닥콩닥 뛰어 멈출 것 같다
심술보 터진 바람이
시샘하며 꽃잎 간질이 놓으면
햇살을 헤집으며
길섶과 개울물에 떨어지는 모습에
가슴이 미어져 온다

꽃눈 뿌리는
그대의 고운 심성에
천상(天上)의 낙원을 보는 듯하고
그렇기에 만인에게 그대는 영원한
사랑받는 꽃이로다.

호수

널따란 호위에
빨간 고추잠자리 날고
수반 위의 토끼풀
저희끼리 잘 모여
틈새를 비비며 어깨춤을 춘다

물 위에 작은 돌 던지니
동그라미 그리며 핑퐁 되어 날아간다
저 강 건너 임에게
그리운 소식 전하려고.

지심도(地心島)

동백들의 단아한 고운 자태에
봄맞이 나온 이방인들 발걸음 멈추고
초록으로 푸른 숲 하늘을 덮어
원시림의 그 자태 고고하다

용틀임 하는 천 년의 동백나무
오솔길에 태양도 울고 간다

바람에 담긴 짭조름한 바다 내음의 향기에
갈매기 놀란 가슴 울음보 터트리고
기암괴석 절경 따라
흰 거품 토해내면
나들이 부푼 꿈에 들떠있는 마음
온통 흔들어 놓는다.

상림 숲(林)

인당수에 눈물 흘리며
뛰어내린 청이가 환생한 듯
천연의 숲이 살아 숨 쉬는
물 맑고 인심 좋은 선비의 고을
함양 상림에
진흙 속의 진주가 되어 피어오르니
효녀 청이 넋인가 보다

그 자태 고고함에
시샘하는 솔바람이 종종걸음으로 달려와
옆구리 쿡쿡 찔러 간질여대면
푸른 잎 파르르 떨며 연꽃향기 연못에 토해 놓으면

인산인해(人山人海) 걸음들의
감탄(感歎) 소리가 하늘을 찌른다.

꽃향기

곤히 잠든 콧등에
날아온 향기가
살포시 얼굴을 드리우며
방긋이 인사를 한다

밤새도록
닫힌 창문 열어달라고
아침이슬 머금고
찾아왔나 봐

부끄러워
붉게 물든 이름 모를
꽃들이 언제나 감미로운
향기가 되어
아름답고 고운 향
선물하네.

산수화

양지바른 언덕 위에 소나무 담장하고
문패 없는 노란 지붕 옹기종기 모여 앉아

앞마당 돌판 펼쳐 지나가는 길손에게
휴식공간 제공하는 한 폭의 산수화

노란 옷에 흰 모자 보석처럼 아름다워
해님이 시샘하며 반짝이는 고운 광채
한강수로 물들인다.

개망초

따스한 햇볕이 모여드는
언덕배기 굽이진 모퉁이 돌작밭°에
보는 눈길 없지만
언제나 환한 웃음으로
행복한 미소를 머금고
탐스럽게 피어 있는 개망초

찬 서리 내려와 바람 불면
손사래 살래살래 흔들며
아쉬움 남기고
그리움 안고 사라지는
애처로운 너의 이름

무리 지어 피어나는 하얀 꽃
개망초 꽃이로다.

※돌작밭° : 자갈밭

목련

하얀 순결로
뜨락에 머뭇거리다가
품지 못한 그대 입술
천상으로 두르고 있네

봄의 화신으로 피었던 목련이
어느덧 꽃잎 다 떨구고
파릇한 잎이 하늘을 가리기 시작한다

이름 모를 꽃들이 앞다투어 핀다 한들
봄이라 할 수 없음은
아직 내 마음에 아련한 그리움이 오지
않아서인가 봅니다

황토 내음마저도
향긋한 꽃내음으로 논두렁을 에워싸는
말끔한 사월의 봄날
아름다운 계절만큼이나
여리디여린 꽃잎의 모습으로
저마다 화신이라 우겨대고 피는 모습

그냥 철없이 수다라 보아 넘기다 보니
어느새 철쭉이 배시시 꽃망울 내미는 계절
세월은 여전히 우리를 실어 나르고 있다.

목련을 기다리며

야심한 밤 모두가 잠든 사이
백옥처럼 하얗게 피어난
너는 3월을 취하게 하는 신부이어라

잠 깨우고 꽃으로 피어난
하얀 목련이여 너는
부드러운 여인의 살결이어라

바람결에 스치고 지나가는
이 밤에 홀로 애태우며 달빛 아래
누굴 찾아 담장 밖
서성이느냐.

안개

뿌옇게 내려앉은 안개가
까만 밤을 삼켜버렸다
산과 들을 잠식한 새벽
두려움에 서성이는 나목들
보이지 않는 신장로 길 따라
나뒹구는 차들이
볼멘소리를 낸다

허수아비 되어버린 신호등 불빛이
아픈 심장을 두드린다
목청소리 커지는 차들이 뒤엉켜
목쉰 맹한 소리를 토해내는 차
핏대를 세우고 연방 아픔의 전율을 느낀다

손전화기에 살며시 눈길이 간다
뿌연 안개 빨리 와서 데려가라고
아침 햇살에 전하고 싶다.

안개의 슬픔

밤새 도둑처럼 내려앉아
주인행세를 한다
산과 들 바다 모두 다 삼켜버렸다
높은 지붕도 꼼짝할 수가 없다

안개에 짓눌려 고통을 느낀다
아무리 힘센 장사라 해도
동쪽 하늘에서 불호령 치면
씩씩대며 한 발 한 발 물러설
채비를 한다

뽀얀 안개 어느새
눈물 흘리며
꼬랑지 감추기 바쁘고
바람 동무 청하여
허우적거리며 길을 떠난다.

물안개

하얀 물안개 피어올라
융단 펼쳐 놓으니 놀부 바람 불어와
나뒹굴며 쫓겨 가는 쓸쓸함이 만삭인
갈색 걸음 배웅하며
길동무 되어주고

눈꽃손님 오시는 길
마을 어귀 마중하며
은빛 구슬 매달아서
임의 걸음 반겨주니

동쪽 하늘 붉은 광채
시샘하며 떠오른다.

십오야 둥근달 떠오르면

코흘리개 막둥이
누야 하고 달려오는
고향 집으로 조급한 마음
먼저 달려간다

뒷동산 솔잎 따서 얼기설기 펼쳐
곱게 빚은 송편
무쇠솥에 올려놓고
아궁이에 장작불 활활 타오르면
입안 가득 군침 돌아 애달 복달하는 마음에
목젖이 시소를 탄다

아버지 꼴망태에
누렁이 밥 챙기시며
다섯 남매 성인군자(聖人君子) 연년익수(延年益壽) 하람
애지중지 길러주신 그 사랑 그리워
이 못난 여식
십오야 휘영청 둥근달 중천(中天)에 떠오르면
사립문 밖에 서성이며
헛기침 소리 내시던
그 모습 떠올려 봅니다.

한가위

햇살 먹은 대추
떡시루에 올라앉아
친구들 불러 모아 밤새는 줄 모르고

밭고랑의 깨단
몽둥이로 두들겨 맞아
허우적거리며
하얀 보자기에 누워
숨바꼭질한다

십오야 둥근달 휘영청 떠오르면
떡방아 찧는 소리 울려 퍼진다.

길손

솔바람에 나부끼는
길손에게 연락한다

기러기 짝 찾아
서쪽 하늘 놀을 벗 삼아 날아들면
가을이 온다고 하더이다

밤송이 영글어 알알이 떨어지는 날
가을이라 부른다오

언덕길 모퉁이에
코스모스 노랫소리
풀벌레 애끓은 사연 담아
눈물짓는 소리

수많은 소리가
엉켜서 뒤척거리니
가을이 온다고 말하네.

가을의 길목에서

해묵은 어느 나무에선가 수련수련
새들 날아오르고
어둠이 밀려오면

하루살이 홍조 띤 해님이
꽁지 살며시 내리면
천연보석으로 장식한
커다란 보자기 펼친다

오동동 달타령 구성지게 퍼져 나가면
떡방아 찧는 소리 정겨움에
은하수도 오작교 만들어가는
까마귀도 덩달아 신이 난다

귀뚜라미 한스러운 노랫소리에
스산한 바람 타고
여명이 밝아온다.

바람의 유혹

찬 서리 살며시 내려앉아
심술보 터지던 날

흩어지던 햇살이 모여들며
어디론가 떠나고 싶은 마음 숨긴 채
칠보단장 차림하고
바람이 유혹하는
비탈진 꼬부랑길 따라 나선다

숨 가쁘게 꿈틀거리는
칠면초° 몸짓의 비명소리에
가을이 한 걸음씩 뒷걸음하며
떠날 준비를 한다.

※칠면초° : 七面草, Suaeda japonica. 한국·일본의 바닷가에서 군생하는 한해살이풀로서 높이 15~50㎝이다.

떨어지는 낙엽

겨울바람 살며시 창문을 두드리며
가을바람 빨리 가라 재촉하고
나뒹구는 갈잎들이 서러움에
노래를 하고

떨어지지 않으려고 발버둥 치던 낙엽
새로운 꽃눈 찾아오라고
자기 몸 던져 낙엽이 되어
사랑을 노래하며 떠나려 하고

사랑 때문에 슬퍼하는 임아
임을 모르시나요.
죽어도 잊을 수 없는 그 언약을

애달픈 그 사랑이 못내 아쉬워
눈물만 흘리며 떠나려 한다.

덕유산 눈꽃

사시사철(四時四철) 발걸음
인산인해(人山人海)를 이루는 덕유산
몸살이라도 하련만
온유하고 유순(由旬)한 성품에
안방은 언제나 이방인의 걸음이 북적거린다

밤새 내린 하얀 눈이
은빛으로 물들이면
각 지방 방언들로 함성이 터져 나오고
추위에 벌벌 떨며 움츠린
곤돌라 씩씩거리며 오르내리면

애처로운 마음에
따뜻한 햇살이 살며시
찾아와 꾸지람하면
서러움에 눈물 뚝뚝 흘리며
사라져가는 하얀 눈꽃 송이.

동지팥죽

높은 하늘 빨간 해님도
하얀 달님도
동짓날을 기다린다

붉은 팥죽
소나무 가지 꺾어버리면
집안 식구들의 건강을 기원하며
잡귀를 쫓는 어머니의 손길이
사랑하는 마음의 온기를 느낀다

커다란 가마솥에 하얀 새알심
가득 넣어 끓어 노란 양푼에 담아주시며
나아 만큼 먹으라 하셨지
따뜻한 아랫목에 둘러앉아
쫀득거리는 새알심 입에 넣고
앗 뜨거워 호호 불며
행복했던 지난 세월에
내 마음 내려놓는다.

숲 속 금반소리

장맛비 멈춘 숲
수정같이 맑은 구슬이 톡톡톡
잎에서 잎으로 건너뛰는
소리가 바쁘다

산허리에 운무가 걸어가면
땅으로 내려앉아 푸른 잎 기지개 편다

숲 속 작은 반주소리에
잎사귀의 끝에 선다.

요술쟁이 하늘

청보석 홍보석으로 치장하는
광활한 광장이 되어
밤하늘 우주 쇼를 하고

칠월칠석 오작교 만들어
견우직녀 눈물 탑 만들면
어느새 하얀 솜 털옷 갈아입으며 변장한다

심술쟁이 마귀할멈으로 변한 하늘이
우박과 천둥 번개로 투정부리다가
어느새 백설떡가루 펑펑 내려주고

하늘은 요술쟁이
조석으로 수없이 심술보 터트리며
애간장 녹인다.

아침 시장

시장에서 꿈을 가진 사람들 아침부터
생의 나래를 펼친다
좌판에 놓인 전어들 싱싱함으로 인사한다
젊음이 쿵쾅거리는 맥박소리
천 날 만날 지각 속에 삶을 재촉하며
가슴 헤집는 우리의 삶도 저렇게 활력이 있을까
진주알 같은 사랑 그리움도 파도에 밀려
텅 빈 바닷가 어디에 닿아 있을까
마음의 창 열고 억겁의 밀물 같은 연속에
우리 이렇게 만나 바라보고 있을까
먼 길에서 쓸쓸히 웃는 저 좌판의 노인
그래도 눈빛 고운 사랑이 있기에
새벽부터 이마에 세월 흔적 보이며 발걸음 기다린다
여기에 내 발자국 사알짝 더 보태본다.

바람의 향기

겨드랑 사이로 살며시 전하는 말
태양열 끝자락을 떠나면서
신록의 젊음을 불태우던 여름
무사 안녕을 전합니다.

시원하고 향기가 가득한 사랑
꽃잎에 혹은 꽃씨에 포장하여
바람과 함께 띄우리라
가을을 사랑하는 연인에게

청춘을 불사르고 화려함을
기다리는 연인들의 마음
가을의 결실을 기다리며
화촉을 밝힐 청춘 남녀들이
청첩장을 띄우리라

햇발 제3부

텃밭에 앉아서

세월이 갈수록
젊어지고 싶은 마음
이것이 바로 욕심이어라
세월 앞에 장사가 없다.

나는 어른 모습이고 싶다

나는
아름답고 고운 꽃 보면
찬사를 아끼지 않은 것처럼
좋은 일에 같이 기뻐해 주고
괴로운 일이 있을 때 도닥여주는
파란 하늘처럼 해맑은
사람이고 싶다

움켜진 손 사랑으로 베풀며
넉넉한 마음 내어주는 넓은 가슴을
가지고 있는 산을 닮은
사람이고 싶다

나를 꼭 필요로 하는 곳에
따스한 손 내밀어 포근히 감싸는
진실한 흙을 닮은
넉넉한 사람이고 싶다.

새벽 종소리

댕그랑 댕그랑
새벽 종소리
피곤을 베게 삼아
누워 있는 육신에
희망으로 살며시 들어와
동행을 하며

사랑으로 아직 잠자고 있는
허물을 덮어주려고
희망의 음률 따라
기도를 하고

댕그랑 댕그랑
울려 퍼지는 종소리가
어둠을 밝히며 꿈을 나르네.

아침이 밝아온다

뒤뜰 모퉁이 감나무 위에
까치밥 달랑달랑
기쁜 소식 전하러 오는 자 밥상

아랫방 아궁이 소죽 익어가는
볏짚과 풀냄새 풋풋한 향기

달그락 달그락 울 엄마 정지°에서
구수한 밥 짓는 냄새에
배고픔이 밀려오고

마당 한쪽 구석
강아지 킹킹 거리는 소리

긴 담뱃대를 입에 물고
콜록콜록 기침하시는
할아버지 소리

화롯불 토닥이시는 할머니 손길에
아침이 밝아온다.

※정지° : 부엌. 경상도 방언.

출근길에

신작로 길 따라 곱게
피어난 복사꽃
통통하게 물오른 유채꽃에
살짝 내려앉은 햇살이 단잠을 쫓으며
사방을 두리번거린다

밤새 내려와 앉아 놀던 이슬방울
실바람에 심술보에 터트려 흔들어놓으니
내일 새벽 다시 오마 손 흔들며 혼비백산 달아나고
실루엣 걸친 나비들의
현란한 춤사위가 눈부시다

물 담은 논배미에
황새 두루미 짝짓기 바쁘고
옥빛 융단 펼쳐놓은
청보리 끝자락에 풋풋한 향기가
코끝을 간질거리는 아침.

창공을 향해 날고 싶다

추억을 맛보고
추억을 먹는다
눈물이 담겨 있는 추억
행복과 웃음이 가슴 가득
숨 쉬며 살아가고 있다

배가 불러온다
추억의 배가 동그란 풍선처럼 불러온다
깊은 골방에 묻어둔 움츠리고 있던 추억들이
하나 둘 숨 쉬며 꿈틀거린다

날고 싶다
끝이 보이지 않는 창공을 향해
새처럼 훨훨 날고 싶다
미움도 원망도 사랑도
모두 다 내려놓고.

계사년 새 아침

하얀 달빛에 밤을 걸어두고
여명의 해가 떠오르기를 기대하며
수세미같이
엉켜버린 해를 짓밟고
밝아오는 희망의 새해를 기다린다

인내를 사랑하며
오묘한 진리의 말씀 떠올리며
아름다운 사랑의 꽃을
피우기를 소망하며
또 한해를 맞이한다

평강이 넘쳐나는 한해
웃음이 대롱대롱 매달리는 한해
뜨거운 사랑이 넘쳐나는 가슴으로
아우성치는 목소리를 보듬을 수 있는
넉넉한 마음 되기를
따끈따끈한 당신의 사랑으로.

창

유리창에 이마에 푸른 물감이 묻어 있다
창에 부딪히는 바람의 입술이 새파랗다

그 바람 들이는 손끝에
이끌리는 하늘이 파랗다

그대 기다리며
붙박이로 선 내게도
서늘한 혈관이 흐른다.

마음속의 행복

하늘은 청옥 색으로
수를 놓고
땅에는 살을 에워싸는 듯한 찬바람이 불어
어깨를 움츠리게 한다

철부지 어린 시절
추위도 잊은 채
동무들과 소꿉놀이와 숨바꼭질하며
땅거미 내려앉는 줄도 모르던 지난날의
추억들이 그리움 되어 내 가슴 헤집어 놓으면
녹슨 육신이지만
마음은 행복에 젖어든다

욱신거리며 온몸 쑤시는 팔다리
오리처럼 뒤뚱거리는 걸음걸이
탄력 없는 살결이며
어느 곳 성한데 없이
삐걱거리며 넘어가는
가을 석양이지만 내 마음은 언제나
행복함에 젖어 있다.

해맑은 미소

내 인생에 단풍이 들어
떨어지는 날이 오면
빨갛게 농익은 석류알처럼
입안 가득 침 돌아 흐르는 것처럼
새콤달콤한 사랑 나누며
행복을 심어주는 사람이고 싶어라

누군가를 위해 마지막 남은 길은
하늘 높은 끝자락에 달려 까치밥 되기를
기다리는 감나무의 빨간 홍시처럼
나누는 삶이고 싶어라

단풍잎 떨어져 흙으로 돌아가는 날
초가집 울타리에 핀 하얀 박꽃처럼
해맑은 미소 띄우며
나의 작은 육신(肉身) 나누워 주며
소박한 삶의 마지막 여행길이고 싶어라.

예쁜 꿈 꾸며 살아가고 싶어라

수많은 하늘의 별을 보고
사랑하는 사람들을 그리워하며
행복의 꿈을 꾸었고
우산 속 철길을 걸으며
나에게 찾아올 임 생각하며
꽃잎 같은 예쁜 꿈을 꾸며 보낸 지난 세월

이별의 가슴이 아파 시려오면
숨이 멈출 것 같은 일도 대수롭지
않은 마음으로 모두가 꿈일 거야
긍정의 힘으로 예쁜 꿈 꾸며 살고 싶어라

석양이 혼신을 다하여
아름다움을 토해 내듯이
황혼의 길목에서
지난 세월 후회하지 않고
모두가 꿈이라 생각하며
아름다운 삶으로 장식하고 싶다.

말없이 행할 수 있게 하소서

강박한 마음은 지난 세월에
묻어버리게 하시고
움켜진 손
욕심쟁이 근성 버리고
베풀 수 있는 마음의 문을 열게 하시며

섬김과 봉사로
웃음과 희망을 선물하는 사람 되게 하소서

물이 낮은 곳으로 흐르듯이
말없이 오른손이 한 일을
왼손이 모르게 행할 수 있는
말없이 행할 수 있는 사람 되게 하소서.

내 마음의 하루

하늘에 매달린 내 마음이
고래등 같이 큰 기와집을 지었다
부수고 더 큰 집을 또 짓는다
어둠 속에 감추어둔 욕망이
왕노릇 하며 마음을 흔들어 놓는다

욕심과 욕망을 버리려고 해도
마음 깊숙이 웅크리고 있던 욕심이
꿈틀거리며 날 유혹한다
눈을 지그시 감아본다
지난 세월의 발자취가
필름처럼 돌아 멈춘다

값없이 받은 사랑이 너무 커
폭포수 같이 뜨거운 눈물이
감당할 수 없이 흘러내린다
사랑하며 살리라 용서하며 살리라
후회의 눈물 흘리지 않으리라
마음속으로 약속을 해본다

땅에 떨어진 내 마음이 일곱 빛 무지개 타고
마음의 날개 펼쳐 훨훨 날아간다.

젊은 날의 여름

젊음 피가 솟구치는 젊음에는
여름도 벌벌 떨며 잰걸음으로 도망갔었지
초로기(初老期)에 작은 뫼(山) 숨 가쁘게 올라
목 한번 적시고 하늘 한번 쳐다보니
장향(杖鄕)이란 높은 산이 날 기다리고 있더이다

헐떡거리는 숨 크게 한번 몰아쉬고
허리춤 일으켜 세우니 싱그러움은 가버리고
비 오는 날 수 닭 같은 모양새가
빤히 날 바라보며 더위를 원망한다

문풍지 우는 바람에도 무릎이 시려온다 하시며
투정하시던 할머니 말씀이 귓가에 쟁쟁하다
세월 가는 것이 무엇이 그리도 서러운지
밤새 울어 목이 쉰 귀뚜라미 울음소리에
몸 뒤척이니 담장 넘어 살며시 새벽이 찾아온다.

하루의 시간 속에서

삼각형 사각형 동그라미 속의 틀과
주워진 시간에 짜여진 통제되고 있는
창살 없는 구속이란 틈바구니 속에서
꼭두각시처럼 움직이며 하루를 보낸다
자유시간을 갈망하는 날도 수없이 있었다
괴로움과 미움이 공존하고
살아야함으로 눈물과 원망이
긴 시간 속에서 사투를 부리는 날도 있다

40년이란 세월 동안 근무한 직장을 떠나야 할 시간이
이제 내 앞에도 한 걸음씩 오고 있는 것을
느낄 수가 있다
홍수처럼 밀려드는 인터넷 세상에서
돋보기라는 놈을 콧등에 위에 올려놓아야 하는
이런 날들이 나에게도 어김없이 찾아왔으니
떠나야 하는 것은 당연한 일인 걸

막상 떠난다는
두 글자 앞에서
서글픔과 아쉬움이 머리를 휘감고 돌아온다
이 또한 무엇이란 말인가
욕심은 끝이 보이지 않는다고 하는 말들이
머릿속에 자리를 잡아 똬리를 틀어 자리를 잡는다.

세월이 추억되어

허리춤에 포부 주머니를 달고
비가 오나 눈이 오나
묵묵히 걸어온 길
강산이 몇 번이나 변하였네

아름다운 무지개 부푼 사라지고
잿빛으로 물들이면
실타래처럼 얽히고설킨 세월의
마음 한구석에 이루지 못한
꿈의 아쉬움이 웅크리고 있다

만남도 이별도 인생이거늘
묶어둘 수 없는 지나간 시간 속에
숱한 그리움이 익어가는 삶의 무게를
하나 둘 끄집어내 민경°에 비춰본다.

※민경° : 거울. 경상도 방언.

젊은 날의 추억

푸름이 더하여져 오는 계절에
태양의 뜨거운 열기를
연방 뿜어 뿌려대니
바닷가의 짭조름한 향기가
코끝에 날아오면
젊은 날의 추억 하나
가슴에 떠오른다

까만 두 눈동자 깜박거리며
내 등에 살포시 기대어
사랑 노래 불러주며
꽃반지 끼워주던 날
기쁨과 행복에 겨워
흐르는 눈물 감추며
두 손 꼭 잡고
먼 훗날을 약속했지요

어느새
이순(耳順)을 바라보는
나이가 되고 보니
말없이 흐르는 강물처럼
흘러가는 세월이
야속하다는 옛 어르신 말씀들이
귓가에 머뭇거린다.

눈과 귀 막고

눈과 귀 막고 살아온
지난 세월 뒤돌아보니
눈물과 한숨뿐입니다

금은보화에 눈이 멀어
썩은 동아줄 보지 못하고
세상을 향해 쉬지 않고 달렸습니다

이순(耳順)의 문턱에 와서야
썩은 동아줄인 것을 알아
두 발 동동걸음으로 청춘을 불태운 삶을 뒤돌아보며
회개의 눈물을 흘립니다

이제야 나는
참사랑의 줄 생명의 줄이 무엇인지를 깨달아
하늘 가까이 더 가까이
나아가기를 두 손 모아 무릎 꿇어
하나님 아버지를 부르며
나아가려고 합니다.

세월에 장사 없다

솜사탕 같은
요람 속의 속살이
세월 흘러가니
번데기 탈을 쓰고
사랑의 나이를 먹는다

장작같이 까칠해지는 손길
세월의 나이를 먹는다

하얀 털모자
오징어 먹물로 변신을 하면
젊음의 나이를 먹는다

세월이 갈수록
젊어지고 싶은 마음
이것이 바로 욕심이어라
세월 앞에 장사가 없다.

마지막 황혼길

셋 평 집 짓고 살기엔
세월이 많이 남아 있는 것 같다
매년 이맘때면
후회와 함께 멋지게 살겠다고
다짐도 하지만 언제나 마무리는
후회로 돌아온다

온 힘과 정성을 다해 보지만
미흡한 것이 한둘이 아니다
배려하는 마음이 너무 부족하여
이웃사랑 하기를 제 몸같이 하란
말이 무색하다

내년을 맞이하는 시점에
어떤 마음으로 맞이할지
물에 물 탄 듯 술에 술 탄 듯
바람에 흘러가는 구름처럼
허허둥둥 웃고 가는 나그네 길이였음 좋겠습니다

마음에 작은 소망 이루어져
마지막 황혼 길이 외롭지 않고
서쪽 하늘 넘어가는 햇살처럼
따뜻함을 선물하는 내 마지막
삶이 되길 기도해 본다.

부부라는 이름으로

많고 많은 사람 중에 한 사람을 선택하여
인연의 끈으로 매어져
하늘에 별같이 많은 꿈 가슴에 안고 살아간다

저 반짝이는 별빛과 같이
부픈 꿈과 희망의 꿈 가슴에 새기며
손가락 걸어 사랑을 약속했지만 하지만
때로는 수탉처럼 쪼아 넘길 때도 있고
황소고집 부리면서
아옹다옹 싸움질에 원수처럼 지난날도 있었다오

혼자라는 외로움 달래주려고
하나님이 짝으로 맺어준
갈빗대를 찾아 끈을 수 없는 숙명(宿命)으로
곰삭은 묵은 김치처럼 자리매김하고
믿음과 사랑으로
용서와 화해를 반복하며
부부의 연을 맺으며 살아간다.

보금자리

사연 많은 지난 세월
지천명 능선 넘어
산비탈에 작은 둥지 틀어 좋아라

산허리 출렁이는 바람과 함께하며
깃털처럼 포근한 운해도 좋아라

바위손 노루귀 전설 담아
도랑물 부딪쳐 흐르는 자장가도 좋아라

산새들 노랫소리에 녹음(綠陰) 짙어지고
채송화 봉선화 앞마당에 흥건하니
지천명 보금자리 좋아라.

밤의 노래

밤의 노래를 들었네
어둠 속에서 듣는 그리움이었다네
세상을 삼키고
별과 달 하늘에서 지우고
외로움이 부르는 쓸쓸한 노래를
보고파서 애타 울고
그리움에 숯덩이가 되도록 타버린
까만 밤의 노래를

그대 향해 노래 부르다
하얀 밤을 새우면
이슬방울 영걸은 아침이 오듯
그리움이 쌓이고 쌓이면
언젠가는 다가올 것을
난 믿고 있다네.

약속

밤새도록 정문 두드리는 소리에
꿈의 궁전으로 날아가지 못하고
뒤척이는 모양새가 올빼미 같은 눈으로
새벽을 맞이한다

언제 찾아왔는지 까치 한 마리 날아와
죽죽 내리는 비를 맞으며
반갑게 인사하며
지난밤 태풍에도 무탈하지 까악 까 악 하며
안부를 물어온다

고마운 마음에 나도
무언의 약속을 한다

가을에 다시오면
농익은 홍시 하나 하늘 끝자락에
매달아 놓겠다고
두 손 모아 마음속으로
다짐해본다.

텃밭에 앉아서

손바닥만 한 텃밭에 앉아
이야기를 나누며
행복한 시간을 보낸다
고구마도 심고
콩과 들깨도 뿌려놓았더니
하루가 다르게 자라
제법 밭 모양새를 갖추어 간다

자기들끼리 모여
어깨춤 추며 흥얼거리는
노랫소리가 궁금하여
채 어둠이 가기 전에 가로등의
안내를 받으며 발걸음은
어느새 밭으로 향해 가고 있었다

구수한 고향의 흙냄새
바람을 타고
내뿜은 비릿한 콩 냄새와
먹음직한 들깻잎 향이
콧등을 간질거리면
가슴이 두근두근
내 마음은 벌써 추수할
가을로 앞당겨 달려간다.

방언(方言)

늘 하는 일
오늘도 책상 앞에 앉는다
어떤 분이 제일 먼저
찾아올 것인가
웃는 모습 찡그린 얼굴
첫 발걸음이 궁금하다

업무 시작도 하기 전
대기실은 언제나 왁자지껄
지방 방언들과 신발 소리와 함께
어우러져 꽹과리 소리를 낸다

2부 능선 푸성귀로 출발하여 6부 능선
넘어온 길에는
서러운 눈물길도 아름다운 꽃길도 있었지
서릿발 내려앉은 능선에서 내려다 바라보니
번갯불에 콩 볶아 먹는다는 속담이
머리를 스쳐 지나간다

눈 한번 감고 뜬 것뿐인데
어느덧 날아 가버린 세월에
모난 돌이 정 맞아 바르게 되고
큰 바위 조약돌로 변한 인고의
걸음걸음 펼쳐 보니

잘한 것은 간 곳 없고
아쉬움만 남아
마음이란 질그릇에 담아보니
쓴 뿌리만 가득 채워진다.

발자국 소리

하얀 눈이 내리면
내 발걸음은 노래를 부른다
뽀드득 뽀드득
하얀 눈은 아프다고 하는데
난 그 소리가 좋아 자꾸만 걸어본다

억새 위에 내려앉은 눈꽃이
떨어져 내리면 햇살이 살포시 몸을 감싸면
수천수만 개의 보석보다 아름다운
광채로 몸부림치며 몸을 흔든다

하얀 눈은 많은 사람에게
행복과 웃음과 희망을
가져다주는 아름다운
하늘에서 값없이 거저 주는
선물이리라.

사라져 가는 공중전화

앙증스럽고 예쁜 몸짓에
사랑을 듬뿍 받아 태어난
작은놈 때문에
덩치가 큰 놈 신세가 서글프다

어제가 옛날인가 봐
나를 만나기 위해
잰걸음으로 줄 서 기다리고 있었는데

추운 겨울 눈물이 나도록
발걸음 날 찾아주기만 기다려도
찾지 않는 서러움에
빨간 피눈물만 흘러내리고

콘크리트 바닥에 대못으로 박힌 몸이
꼼짝할 수도 없으니
비가 오고 바람 불어 창수(漲水)가 나도
앙탈 부릴 힘조차 사라지고
기약 없는 발걸음 기다림에
그리움 쌓여만 간다.

비가 오는 날이면

비가 오는 날이면
언제나 당신이 그리워집니다
가만 우산 받쳐 들고
골목 어귀에서 뚜벅뚜벅
걸어올 것만 같은 생각에
말없이 창밖을 바라보며
당신을 기다립니다

목이 터져라 불러보고 싶어지는 날
당신이 자리하고 있는
마음에 문 열고
가만히 속삭여 봅니다

하늘만큼 땅만큼 보고 싶다고
바다에 모래만큼
하늘의 별만큼 사랑한다고

오늘도 행복한 미소를 짓고 있는 것은
당신이 내 마음속에
자리하고 있기 때문이지요.

늙은 배 한 척

갈대밭 베개 삼고
하늘을 바라보며 늙은 배 한 척
지친 몸 달래려고 누워 있다

태어나 뭍으로 나가지 못한
생명을 다한 처량한 신세지만
후회는 없어 보인다

허리에 낡아빠진 밧줄 둘러놓고
토해놓은 시뻘건 녹물에서
고달픈 지난 세월 말해주고
물새들 가끔 찾아와
쉬었다가는 휴식 공간 내어준다
그도 소싯적엔
풍랑쯤은 겁도 없이
큰소리로 호령하며
바다로 나갔으리라.

돌아가는 인생행로

돌고 돌아가는 우리 내 인생살이
어제도 오늘도 그리고 내일도
숨 쉬며 살아가는 동안
우리의 삶은 언제나
물레방아처럼 돌아돌아
언젠가는 제자리에
다시 찾아올 것이다

유년의 시절이 그렇게 하였고
겁 없이 깔깔거리던 학창 시절이 그랬었다
밀가루 부대 뒤집어쓴
볼품없는 세월의 허망함에
한숨 쉬는 날이 잦아진다

옆구리에 바짝 붙은 한숨이 날 토닥인다
한숨 쉬지 말라고 쓸쓸해하지 말라고
때로는 중년의 걸음이 행복 하단다
인생은 돌고 돌아 자기 자리를 찾아가는
아름다운 걸음이라 하네.

아이스깨끼 아저씨 오는 날

내 고향 산골 동네
아이스깨끼 아저씨 오는 날은
동네 조무래기 꼬마들 잔칫날이다

댕그랑 댕그랑 종 흔들며
아이스깨끼 아이스깨끼 목이 터져라 외친다

빈 소주병 낡은 고무신
찌그러진 주전자 냄비
구멍 난 무쇠솥까지 몽땅 들고
하나둘씩 모여 든다

어느새 천사된 꼬마들 모습에 행복이 넘친다

다 먹은 아이스깨끼 막대기 하루 종일
입에서 떠날 줄 모르고
새앙쥐 놀이터 된 얼굴에는
아쉬움이 돌아 서로 쳐다본다.

▌紫陽 나분점 시인의 詩세계

정적(靜寂) 언어와 서정의 향연

김 송 배
(시인·한국문인협회 부이사장)

1. 삶의 애환과 시간성의 조화

현대시가 독자들로부터 공감을 획득하려면 우선 삶의 애환에서 분출한 인생의 문제가 설득력 있게 발현(發現)되어야 한다. 이러한 요건을 충족시키려면 무엇보다도 표현력에 필요한 언어(시어)가 자유자재로 구사되어야 하고 이 언어들이 적절하게 시인의 의도(意圖)와 동일한 정감으로 현현하여 주제의 명징(明澄)한 의미를 확인할 수 있어야 할 것이다.

현대시의 위의(威儀)는 그 시인의 체험을 통해서 이미지화한 삶에 대한 애환이 흡인력(吸引力) 있게 시적 구도나 구성이 이루어졌나 하는 근원적인 문제가 시적 진실로 탐구되어야 한다.

여기 나분점 시인이 상재하는 첫 시집 '햇발'에서는 이와 같은 그의 삶의 궤적(軌跡)을 통해서 형성된 애환들이 지나온 세월(시간)과 조화를 이룸으로써 그가 시적으로 표징하고자 했던 인생의 문제까지도 포괄하는 자신의 진실로 정리하고 있어서 그의 예리한 정서와 사유(思惟)의 폭을 예측할 수 있게 한다.

그는 '시인의 말'에서 '오랜 세월 시와 씨름하며 흘리는 눈물은 황무지의 삶을 개척하는 도전이었다.'는 언술로 짐작해서 그의 시적 주제와 구도의 설정과 표현에서 그의 삶, 즉 인생문제와 깊은 고뇌가 있었음을 이해할 수 있다.

시장에서 꿈을 가진 사람들 아침부터
생의 나래를 펼친다
좌판에 놓인 전어들 싱싱함으로 인사한다
젊음이 쿵쾅거리는 맥박소리
천 날 만날 지각 속에 삶을 재촉하며
가슴 헤집는 우리의 삶도 저렇게 활력이 있을까
진주알 같은 사랑 그리움도 파도에 밀려
텅 빈 바닷가 어디에 닿아 있을까
마음의 창 열고 억겁의 밀물 같은 연속에
우리 이렇게 만나 바라보고 있을까
먼 길에서 쓸쓸히 웃는 저 좌판의 노인
그래도 눈빛 고운 사랑이 있기에
새벽부터 이마에 세월 흔적 보이며 발걸음 기다린다
여기에 내 발자국 사알짝 더 보태본다.

– '아침 시장' 전문

나분점 시인은 '아침 시장'에서 '천 날 만날 지각 속에 삶을 재촉하며 / 가슴 헤집는 우리의 삶도 저렇게 활력이 있을까'라는 의문으로 시적 상황(situation)을 설정하고 '세월 흔적'과 교감하고 있다.

그는 이러한 삶의 현장에서 조망(眺望)한 애환들이 바로 자신의 심중(心中)에 와서 한 줄의 시로 형상화할 때 그는 비로소 삶의 고락(苦樂)을 느끼게 된다. 그는 다시 '여기에 내 발자국을 사알짝 더 보태'면서 '내'가 그 삶의 주인공으로 동참하게 된다.

그는 작품 '마음 속의 행복'에서도 '욱신거리며 온몸 쑤시는 팔다리 / 오리처럼 뒤뚱거리는 걸음걸이 / 탄력 없는 살결이며 / 어느 곳 성한데 없이 / 삐걱거리며 넘어가는 / 가을 석양이지만 내 마음은 언제나 / 행복함에 젖어 있다.'는 어조(語調-tone)로 삶에 대한 행복을 적시(摘示)하고 있다.

삼각형 사각형 동그라미 속의 틀과

주워진 시간에 짜여진 통제되고 있는
창살 없는 구속이란 틈바구니 속에서
꼭두각시처럼 움직이며 하루를 보낸다
자유시간을 갈망하는 날도 수없이 있었다
괴로움과 미움이 공존하고
살아야함으로 눈물과 원망이
긴 시간 속에서 사투를 부리는 날도 있다

– '하루의 시간 속에서' 중에서

나분점 시인은 시간성에 대해서 예민(叡敏)한 시적 정감을 투영하고 있다. 시간과 삶이 조화하는 만고의 진리 앞에 '주워진 시간에 짜여진 통제되고 있는 / 창살 없는 구속이란 틈바구니 속에서 / 꼭두각시처럼 움직이며 하루를 보낸다'는 그의 인식 단정은 '살아야함으로 눈물과 원망이 / 긴 시간 속에서 사투를 부리는' 형상으로 현현되고 있는 것이다.

그의 시간성은 작품 곳곳에서 분사(噴射)하고 있는데 '어느새 / 이순(耳順)을 바라보는 / 나이가 되고 보니 / 말없이 흐르는 강물처럼 / 흘러가는 세월이 / 야속하다는 옛 어르신 말씀들이 / 귓가에 머뭇거린다.(「말없이 흐르는 세월」 중에서)'는 어조와 같이 이 '세월'이 우리 인간들과 불가분(不可分)의 상관성으로 동행하는 동질의 삶의 형태라고 할 수 있다.

이러한 작품은 '세월이 추억되어' '눈과 귀 막고 살아온 지난 세월' '세월에 장사 없다' '방언' '젊은 날의 여름' 등에서 시간과 병행하는 삶의 행로(行路)가 적나라(赤裸裸)하게 나타나고 있다.

그는 이러한 삶의 원형(原形)에서 창출한 그의 진실은 '마음에 작은 소망 이루어져 / 마지막 황혼 길이 외롭지 않고 / 서쪽 하늘 넘어가는 햇살처럼 / 따뜻함을 선물하는 내 마지막 / 삶이 되길 기도해 본다.(「마지막 황혼길」 중에서)'라는 그의 간절한 기도로 남아 있을 뿐이다.

2. '아름다운 삶'을 위한 기원 의식

한편 나분점 시인은 이와 같은 삶의 현실적 상황에서 '아름다운 삶'을 구현하기 위한 노력이 다양하게 유로(流路)되고 있는데 그 대표적인 것이 기원 의식의 발양(發揚)이다.

단풍잎 떨어져 흙으로 돌아가는 날
초가집 울타리에 핀 하얀 박꽃처럼
해맑은 미소 띄우며
나의 작은 육신(肉身) 나누어 주며
소박한 삶의 마지막 여행길이고 싶어라.

- '해맑은 미소' 중에서

석양이 혼신을 다하여
아름다움을 토해 내듯이
황혼의 길목에서
지난 세월 후회하지 않고
모두가 꿈이라 생각하며
아름다운 삶으로 장식하고 싶다.

- '예쁜 꿈 꾸며 살아가고 싶어라' 중에서

그는 우선 표현 어조에서 '싶어라'라거나 '싶다'라는 종결어미로 문장을 장식해서 그가 간절하게 소망하는 그의 내적(內的) 진실을 토로(吐露)하는 것으로 보아서 그는 삶에서 성취하지 않으면 안되는 비장한 심적인 목표가 정립되어 있다고 할 수 있다.

이것은 그가 여망하는 기원이 바로 '소박한 삶'이거나 '아름다운 삶'을 추구하기 위한 인생의 절대적인 갈등이라고 이해할 수도 있을 것이다. 그가 '단풍잎 떨어져 흙으로 돌아가는 날' '황혼의 길목에서 / 지난 세월 후회하지 않고 / 모두가 꿈이라 생각하며' '마지막 여행길'을 소망하고 있다.

그는 '제동기가 잡히지 않는 / 내리막길로 접어드니 / 모든 것 내려놓고 / 사론의 꽃향기처럼 / 가는 곳마다 풍겨나는 / 아름다운 나의 삶이고 싶다.('사론의 꽃향기처럼' 중에서)'는 어조는 그가 평소에 간직했던 정서의 중심축에서 진실의 원류를 형성하고 있는 가치관의 발현이라고 볼 수 있다.

강박한 마음은 지난 세월에
묻어버리게 하시고
움켜진 손
욕심쟁이 근성 버리고
베풀 수 있는 마음의 문을 열게 하시며

섬김과 봉사로
웃음과 희망을 선물하는 사람 되게 하소서

물이 낮은 곳으로 흐르듯이
말없이 오른손이 한 일을
왼손이 모르게 행할 수 있는
말없이 행할 수 있는 사람 되게 하소서.
- '말없이 행할 수 있게 하소서' 전문

또한 그는 위의 작품에서 이해할 수 있듯이 '섬김과 봉사로 / 웃음과 희망을 선물하는 사람 되게 하소서'라거나 '말없이 행할 수 있는 사람 되게 하소서'라는 절실한 심정(心情)이 정감(情感)으로 나타나고 있다.

그는 작품 '사랑이라 말하면서'에서도 '활 활 태워 주시어 / 사랑의 샘물이 솟아나게 하소서'와 같이 그의 소망과 기대는 우리 인간들이 삶을 통해서 실천해야할 덕목처럼 정신세계의 확고한 지표의 정립을 여망하고 있는 것이다.

이처럼 그의 기원 의식은 바로 시 창작의 본령(本領)인 진선미(眞善美)의 주제를 실천하기 위한 시적 진실로서 우리 인간들의 보편적인 정서의 일환으로의 시법(詩法)에서 자주 등장하는 표현법이며 반드시 실행되어야 한다는 절박한 내면의 절규(絶叫)라고 할 수 있다.

그는 '나는 / 아름답고 고운 꽃 보면 / 찬사를 아끼지 않은 것처럼 / 좋은 일에 같이 기뻐해 주고 / 괴로운 일이 있을 때 도닥여주는 / 파란 하늘처럼 해맑은 / 사람이고 싶다 // 움켜진 손 사랑으로 베풀며 / 넉넉한 마음 내어주는 넓은 가슴을 / 가지고 있는 산을 닮은 / 사람이고 싶다 // 나를 꼭 필요로 하는 곳에 / 따스한 손 내밀어 포근히 감싸는 / 진실한 흙을 닮은 / 넉넉한 사람이고 싶다.('나는 어른 모습이고 싶다'전문)'라거나 '창 넘어 어둠 가르며 산허리에 매달려 있는데 / 지난밤의 별빛 가득 안으며 / 함께 기억할 수 없는 시간의 흐름 속에 / 수놓아진 별무리 세워가는 즐거움을 / 함께 나누고 싶습니다('봄날 아침' 중에서)' 그리고 '전복이 미역 위에서 / 나뒹굴고 / 소라가 모래밭에서 / 씨름하는 섬 / 자연만이 살아 있는 곳 / 그곳에 다시 가고 싶어라.('다시 가보고 싶은 섬' 중에서)'와 같이 그의 소망은 무한하다.

나분점 시인의 이러한 절대적인 여망의 심저(心底)에는 그가 성취하지 못한 삶의 방식도 있겠으나 보다 나은 방향의 인생관의 확립이라는 인간 최선의 목적 달성을 기원하는 심리적인 한 방법으로도 해석하게 한다.

그는 작품 '내 마음의 하루'에서 '사랑하며 살리라 용서하며 살리라 / 후회의 눈물 흘리지 않으리라'는 등의 어조와 같이 그의 진정한 참회(懺悔)와 같은 심중을 현현하고 있어서 우리들의 공감영역을 확산시키고 있다.

3. 사모곡과 '그리움'의 상관적 의미

나분점 시인에게서 또 다른 이미지의 발현은 '어머니'에 대한 애틋한 '그리움'의 형상화가 절절하게 유로되고 있다. 대체로 '어머니'에 대한 이미지는 생명성과 상관한다. 우리 인간의 탄생이 생성하는 생명의 깊은 샘과 그에 부수하는 다양한 삶의 원천으로서 많은 시인들이 어머니를 노래하고 있다.

나분점 시인은 그 어머니에 대한 사랑의 언어가 더욱 애절하게 투영되어 있다. '어머니 오월이 왔습니다 / 이제야 어머니의 사랑이 / 얼마나 크고 소중한지를 / 이순(耳順)이 된 지금에야 깨닫습니다 / 어머니 그 크고 놀라운 사랑을.('어머니 사랑' 중에서)'이라는 어조와 같이 그의 모정(母情)은 '토닥이며 잠재우시고 얼러 키워주신 / 그 손길 그리워' 지금도 '어머니를 불러'보고 있는 것이다.

하해(河海)같은 사랑으로
손톱 발톱 다칠세라
입술이 부르트도록 입으로 자르시는
어머니

베틀에 홀로 앉아
고운 무명천으로 짠 옷감
행여나 추울세라
한 땀 한 땀 밤새우며
누비이불 만들어서
덮어 주시고

밤낮이 뒤바뀌어 보채고 울 땐
당신 잠은 간 곳 없고
꼬꼬닭아 울지 마라
멍멍개야 짖지 마라
우리 아기 잠 못 잔다
꾸짖던 내 어머니

쥐면 꺼질까 불면 날까
얼러 키워주신 이 여식 그날 그리워
길고 긴 탯줄의 사랑으로
아직도 고향을 만집니다.

– '내 어머니' 전문

그렇다. 나분점 시인이 현현하는 '어머니'에 대한 상상은 그의 생전에 체험된 온갖 사연들이 그의 뇌리(腦裏)에서 사라지지 않는 영원한 메시지로 생동감 넘치는 '하해(河海)같은 사랑'이라고 할 수 있을 것이다.

그는 '어머니'에 대한 추억이 물밀듯이 밀려오는 가운데 그날의 아쉬움들이 형상화하고 있는데 '베틀에 홀로 앉아 / 고운 무명천으로 짠 옷감'이거나 '밤낮이 뒤바뀌어 보채고 울 땐 / 당신 잠은 간 곳 없고'라는 어조처럼 헌신적인 어머니의 사랑을 절실하게 발양하고 있다.

이러한 모정의 근원을 그는 '쥐면 꺼질까 불면 날까 / 얼러 키워주신 이 여식 그날 그리워 / 길고 긴 탯줄의 사랑으로 / 아직도 고향을 만집니다.'라는 결론으로 '내 어머니'를 그리워하고 있다.

언덕 위의 높은 집 / 백발이 무성하고 남루한 옷차림에 / 자식 사랑 애달아서 / 밤낮으로 무릎 꿇어 / 두 손 모아 기도하는 모정의 세월 흘러 / 은빛 구슬 주렁주렁 영글어서 / 황금 물결 수를 놓아 / 하회탈로 변화였네. - '어머니의 기도' 전문

그는 '어머니'에 대한 시편들은 한결같이 자식들을 위한 사랑으로 나타나고 있는데 이는 모정이 얼마만한 영향으로 우리들에게 다가오고 있는가를 깊이 자성(自省)할 수 있는 그리움의 대상이 되고 있다.

그의 사모곡(思母曲)은 어머니가 '나'에게 베푸는 사랑과 또 하나는 내가 어머니를 그리워 하는 두 가지 양상으로 대별되고 있어서 그의 시적 진실은 더욱 설득력을 얻고 있다. 대체로 어머니에 대한 그리움은 다음과 같이 재생되고 있다.

- 오늘처럼 바람이 불었지요 / 엄마가 나를 두고 떠나가던 날 / 이별의 마지막 순간을 기다려 주지 못하고 /말없이 더 나

갔었지('엄마 불러보고 싶어요' 중에서)
- 어머니 / 당신이 떠난 9월이면 / 텅 빈 가슴에 그리움 움켜잡고 / 그 소중한 사랑을 느끼며 / 마음이 젖어 시려옵니다.('9월이 오면 당신이 그리워집니다' 중에서)
- 겨울이 저만치 걸어오면 / 울 엄마가 생각이나 / 눈시울에 뜨거운 이슬방울 / 맺힌다('겨울이 저만치 걸어오면' 중에서)

이밖에도 나분점 시인이 그리워하는 대상에는 '당신(혹은 그대)'이라는 화자(話者-person)가 있다. 작품 '당신 품에'에서 '당신의 마음 품에 꼭 안겨 / 행복을 느끼며 / 내면의 마음을 감추려 한다'거나 작품 '당신과 만남이'에서 '당신과 만남이 너무나 소중하고 / 아름답고 향기 나는 사랑이기에 / 상처와 눈물도 소중한 사랑이어라'라는 그의 사유에는 항상 그리움의 대상으로 현현되고 있다.

이러한 '그리움'의 결론은 다음과 같이 분사되고 있다.

밀려오는 애(愛)틋함에 / 퍼뜩이는 날개를 펴보지만 / 날 수가 없다 // 은하수 깜박이면 / 깊은 밤 새벽으로 달려가고 / 내 마음 그대 생각에 / 허공을 잡는다 // 밀물처럼 출렁이며 밀려오는 / 집채만 한 그리움 가슴에 안은 채 / 여명이 밝아온다. - '그리움' 전문

이처럼 그가 애틋하게 그리워하는 작품은 '비가 오는 날이면' '전나무 숲길 그대가 있어 행복하였습니다' '달 밝은 밤' '내가 자란 그 정든 땅' 등에서 그는 '당신'을 잊지 못하는 불멸(不滅)의 그리움을 투영시키고 있다.

4. 자연 서정에서 조망하는 자아 인식

나분점 시인은 어쩔 수 없는 서정 시인이다. 그의 서정성에는 두 가지 형태로 나타나고 있는데 하나는 계절적인 자연 현상에서 탐색하는 시간적 서정이며 두 번째는 계절마다 변화무쌍한 대

자연의 향연에서 자신과 교감하는 섭리(攝理) 수용의 서정이다.

초롱초롱한 눈망울 뜨고
반짝거리는 별들이 바람 따라
노랗게 물들인 울타리에 핀 개나리
꽃망울에 내려앉아 놀고 있다

환히 비친 달빛 등에 업고
은하수길 따라 찾아온 길섶에
우뚝 서 있는 하얀 목련이
시집온 새색시 분 냄새 풍기듯
코끝을 간질거리는 고운 향기 내뿜으며
배시시 웃음 토해낸다

앞마당 뜰에 앙증맞게 핀 노란 민들레
햇살 품고 가만히
하늘을 쳐다보며 벌 나비 발걸음 기다리고
담장 밑 제비꽃들이
시샘하듯 서로 키재기하며
보랏빛 향기 연신 뿜어댄다.

– '들에 핀 봄의 여신' 전문

우선 그가 향기처럼 뿜어 올리는 '봄'에 관한 서정의 결집이다. 여기에서 봄의 향기를 만끽(滿喫)하게 되는 꽃들의 표정들이 다채롭다. '노랗게 물들인 울타리에 핀 개나리'와 '우뚝 서 있는 하얀 목련', '앞마당 뜰에 앙증맞게 핀 노란 민들레', '벌 나비 발걸음'과 '담장밑 제비꽃들'이 '보랏빛 향기를 연신 뿜어' 내는 화사한 봄 풍경이다.

이러한 봄의 향연은 다음과 같이 온 천지를 진동시키고 있다.

– 봄은 / 빗방울 타고 오는 것 같다 / 까만 대지에 밤새 내린

비가 / 바람에 혼이나 훌쩍 떠난 자리에 / 봄꽃이 피어나고 // 아지랑이 펄펄 끓어 대지에 뿌려대면 / 이름 모를 꽃들이 / 불쑥불쑥 등달아 피어난다.('봄은 까만 밤에' 중에서)
- 물결에도 창문이 있는 듯 / 겨우내 덜컹거리던 창틀 속에서 / 잃었던 연모 / 쑥 향기로 피어난다. ('봄빛' 중에서)
- 낮게 깔린 아지랑이 저만치 누워 / 버드나무 밑 둥지 간질여 대면 봄의 껍질 벗겨낸다 / 바람은 쉴 새 없이 아지랑이 쓸어 담아 / 하늘로 하늘로.('아지랑이' 중에서)
- 부끄러워 / 붉게 물든 이름 모를 / 꽃들이 언제나 감미로운 / 향기가 되어 / 아름답고 고운 향 / 선물하네.('꽃향기' 중에서)
- 봄의 화신으로 피었던 목련이 / 어느덧 꽃잎 다 떨구고 / 파릇한 잎이 하늘을 가리기 시작한다('목련' 중에서)
- 잠 깨우고 꽃으로 피어난 / 하얀 목련이여 너는 / 부드러운 여인의 살결이어라('목련을 기다리며' 중에서)

그는 다시 가을에 대한 이지지에도 많은 관심의 대상이 되고 있다. 작품 '가을이 온다고'에서 '기러기 짝 찾아 / 서쪽 하늘 놀을 벗 삼아 날아들면 / 가을이 온다고 하더이다'라거나 작품 '가을의 길목에서'에서도 '귀뚜라미 한스러운 노랫소리에 / 스산한 바람 타고 / 여명이 밝아온다.'는 등의 어조에서 풍겨지는 가을의 스산한 이미지가 창출되고 있다.

이 가을에 대한 이미지는 풍성하게 익어가는 열매에서 무엇인가 풍족하고 풍만하면서 넉넉하다는 안도의 정감이 흘렀으나 낙엽이 흩날리고 발아래 그 낙엽이 밟히는 순간 어떤 서글픔이 엄습하는 장면으로 바뀌게 되는 것이다.

이러한 가을 이미지는 다원적인 주제를 창조할 수 있으며 언어의 형태도 다양하게 표출되는 것이 우리 시의 묘미를 더욱 상승시키는 효과를 제공해 주기도 한다. '시원하고 향기가 가득한 사랑 / 꽃잎에 혹은 꽃씨에 포장하여 / 바람과 함께 띄우리라 / 가을을 사랑하는 연인에게('바람의 향기' 중에서)'라는 등의 언어가 바로 가을 서정의 향연이라고 할 수 있다.

이밖에도 시간성과 상관된 서정적인 작품들은 '개미와 베짱이' '매미 울음소리' '청개구리는' 등의 사물과 '산수화' '개망초' '떨어지는 낙엽' '덕유산 눈꽃' 등의 자연 또는 식물들의 생태 그리고 '하동포구' '순천만 갈대숲' '윗새오름' '호수' '지심도' '마니산' 등의 현장들이 시적 서정을 꿈틀거리게 하고 있다.

뽀얀 안개 어느새
눈물 흘리며
꼬랑지 감추기 바쁘고
바람 동무 청하여
허우적거리며 길을 떠난다.

이 작품 '안개의 슬픔' 일부에서 보는 바와 같이 '안개'의 서정성은 바로 우리 인가들의 행보(行步)와 유사(類似)한 내면 풍경을 이해할 수 있을 것이다. 그는 '안개' '물안개'처럼 '안개'에 대한 서정적인 언술로 시를 형상화하는 특성을 이해할 수 있다.

일찍이 비평가 매슈 아널드가 말한 대로 시는 본질적인 면에서 인색의 비평이라는 언지로 유추해 보면 우리들이 창작하는 한 편의 시가 바로 우리 인생의 성찰과 새로운 행로를 예비하는 인생 비평이기에 자신의 지적 사유의 승화를 위한 노력이 지속적으로 형성되는 것이 아닌가 싶다.

나분점 시인의 첫 시집 '햇발'에서도 이와 같은 자아 성찰과 기원들을 통해서 인간에게 부여된 사랑과 그리움이 그의 함의(含意)로 발산되고 있어서 그는 그의 존재 인식이 바로 시와` 직결되는 행운의 정감을 토로하고 있다. 축하한다.

나 분 점 제1시집
햇발

2014년 1월 1일 초판 인쇄
2014년 1월 5일 초판 발행

지 은 이 ‖ 나 분 점
발 행 인 ‖ 정 병 국

펴 낸 곳 ‖ 도서출판 지식과 사람들
등록번호 ‖ 제2-3436
주　　소 ‖ 서울 중구 충무로 4가 149-3
대표전화 ‖ 02-2277-7674
ISBN　 ‖ 978-89-94571-23-2

값 9,000원